Martha Steinmey

Laterne, Laterne

Motive aus Window Color & Papier

CHRISTOPHORUS
BRUNNEN-REIHE

Inhalt

Sonne, Mond und Sterne

Herbst – das bedeutet buntes Laub, Wind, Drachen am Himmel, Kartoffelfeuer und natürlich Sankt Martin und Laternen. Wenn die Abende schon am Nachmittag beginnen und die Natur mit dem Licht spart, basteln wir mit unseren Kindern Laternen und erhellen mit ihnen selbst die Nacht!
In allen Farben des Regenbogens leuchten die Laternen und alle möglichen Formen gibt es zu bestaunen: Da sind bunte Feuervögel, fröhliche Vogelscheuchen und echte Prinzessinnen. Sogar ein nordisches Rentier mit großem Geweih kann man entdecken. Unheimliche Hexen und Gespenster treiben auf dunklen Straßen ihr Unwesen und wem die zu gruselig sind, der bastelt süße Teddybären und kleine Wichtelmännchen.
Mit diesen hell leuchtenden Laternen macht es Spaß beim Martinsumzug auch durch die dunkelsten Gassen zu ziehen und die schwärzesten Winkel auszuleuchten. Beim Gehen mit den Laternen stimmen wir altbekannte und neue Laternenlieder an, erzählen und hören Martinsgeschichten. So geben wir den alten Brauch des Martinsumzugs an unsere Kinder weiter und lassen sie diesen herrlichen Spaß zwischen unheimlich und heimelig erleben.
Ich wünsche Ihnen und Ihren Kindern viel Freude beim Basteln und einen schönen Laternenumzug!

Ihre Martha Steinmeyer

So gehts

Vorlagen übertragen

Alle Motive sind in Originalgröße auf dem Vorlagenbogen abgebildet. Sie können mit Kohlepapier auf das ausgewählte Papier übertragen werden.
Eine weitere Möglichkeit: Transparentpapier auf die Vorlage legen, beides mit Büroklammern fixieren. Alle Linien mit Bleistift nachzeichnen. Transparentpapier wenden und auf das Bastelpapier legen. Die Linien nachfahren. Die Bleistiftspur drückt sich auf das Werkmaterial ab. Sollen mehrere gleiche Teile angefertigt werden, empfiehlt sich die Herstellung einer Schablone. Die Umrisse auf Karton übertragen und ausschneiden. Die Schablone auf das Werkmaterial legen und die Umrisse nachzeichnen.

Schneiden

Zum Ausschneiden eine Papierschere verwenden, für innenliegende Schnitte und Kleinteile einen Cutter.
Mit einer Lochzange lässt sich auch an schwer zugänglichen Stellen ein Loch für den Laternendraht stanzen.

Faltlinien falzen

Bei Tonkarton wird vor dem Falten die Faltlinie eingedrückt, d. h. gefalzt. Ein stabiles Lineal an die Faltlinie anlegen, mit einem spitzen Gegenstand (z. B. mit dem Falzbein oder einer Stricknadel) daran entlangfahren.

Transparentpapier verarbeiten

Wenn Transparentpapier aufeinander geklebt werden soll, kann es sichtbare Klebeflecken geben. Deshalb den Klebstoff mit dem Finger dünn auf der Fläche verteilen oder Klebestifte, z. B. UHU stic, verwenden.
Zum Bemalen von Transparentpapier nur wasserfeste Filzstifte einsetzen.

Hinterkleben

Die Ausschnitte der Laternen mit Transparent- oder Seidenpapieren hinterkleben. Dazu die Motivseite unter das ausgewählte Transparentpapier legen, die Form mit einer Zugabe von ca. 1 cm leicht nachzeichnen, ausschneiden und auf die Innenseite des Motivs kleben.

Mittelteile einsetzen

Die Mittelstreifen nach den im Text angegebenen Maßen zuschneiden. An den beiden Längsseiten ist jeweils ein 1 cm breiter Kleberand inbegriffen. Die Faltlinie zwischen Mittelstreifen und Kleberand falzen, so dass der Kleberand leichter geknickt werden kann. Bei rund geformten Mittelteilen die Streifen durch Ziehen über die Tischkante vorformen, dann die Kleberänder zackenförmig einschneiden.

Das Mittelteil auf das erste Seitenteil kleben. Das zweite Seitenteil mit dem Motiv nach unten auf die Arbeitsfläche legen. Die Klebezacken mit Klebstoff versehen und von oben auf das zweite Seitenteil legen. Mit der Hand ins Laterneninnere greifen und festdrücken.

Aufhängen und beleuchten

Die meisten Laternen werden mit Draht aufgehängt. Fertige Laternenbügel gibt es im Hobbyfachhandel zu kaufen, sie müssen nur in die vorgestanzten Löcher eingehängt und zusammengedrückt werden. Lochverstärkungsringe verhindern das Ausreißen der Löcher! Wenn die Laterne am Mittelteil aufgehängt wird, darauf achten, dass die Löcher genau in der Mitte des Streifens angebracht sind.
Kerzenhalter aus Metall gibt es ebenfalls im Hobbyhandel zu kaufen. Den oberen Teil rundbiegen, durch die Schlitze des Kerzentellers führen. Im Bodenteil der Laterne zwei kleine Schlitze anbringen, den Kerzenhalter durchstecken, die Enden auseinander biegen. Die Kerzenhalter sind oft leichter anzubringen, wenn die Laterne noch nicht zusammengeklebt ist.
Wer seine Laterne mit einem Teelicht beleuchten will, kann es mit doppelseitigem Klebeband anbringen.

Laternen mit Window Color

Bei allen Laternen, die mit Fenstermalfarben (z. B. der Firma C. Kreul) gestaltet werden, besteht der Motivträger aus 0,4 mm starker Windradfolie. Die Motive direkt auf die Windradfolie aufmalen. Sie können - anders als z. B. bei Prospekthüllen aus Polyethylen (PE) oder Polypropylen (PP) - nicht wieder abgezogen werden.

Die Anleitung zum Malen mit Fenstermalfarben finden Sie auf Seite 6.

Zwergenhäuschen

Material

- Regenbogen-Karton
- 3D Wellkarton in Rot
- Seidenpapier in Gelb
- Kerzenhalter
- Aufhängedraht
- Windradfolie, 0,4 mm
- Fenstermalfarben in Maigrün, Kirschrot, Rehbraun, Fleischfarbe, Royalblau, Sonnengelb, Konturenfarbe in Schwarz

Vorlagen A1 - A4

1 Die Motive A3 und A4 auf Windradfolie malen (siehe Beschreibung unten). Den Hintergrund nicht bemalen. Am Türbogen entlang kleine rote Punkte, auf die Hemden und Mützen der Zwerge andersfarbige Punkte setzen.

2 Das Haus und den Mittelstreifen (40 cm x 15 cm) aus Regenbogen-Karton, das Dach aus 3D Wellkarton ausschneiden. Löcher für den Drahtbügel stanzen.

3 Die Ausschnitte mit den bemalten Folien und gelbem Seidenpapier hinterkleben, den Mittelstreifen anbringen (siehe Seite 5). Kerzenhalter und Aufhängedraht befestigen.

Mit Window Color malen

1 Die Vorlage unter die Windradfolie legen und beide Lagen mit Klebeband fixieren. Mit Konturenfarbe direkt aus der Flasche alle Linien nachzeichnen. Dabei die Spitze etwas anheben, die Farbe herauslaufen lassen und den Farbstrang den Linien folgend ziehen. Farbe mit gleichmäßigem Druck auftragen. Die Konturen ca. acht Stunden trocknen lassen.

2 Die einzelnen Flächen direkt aus der Flasche ausmalen. Darauf achten, dass die Farbe an die Kontur anschließt. 24 Stunden trocknen lassen. Das Motiv wie angegeben ausschneiden und damit den Laternenausschnitt hinterkleben.

Feuervogel

Material

- Käseschachtel, 15,5 cm Ø
- Regenbogen-Transparentpapier
- Regenbogen-Wellpappe
- Wellpappe in Gelb
- Tonkarton in Pink, Schwarz und Gelb
- Bunte Federn
- Kordel in Rot, Gelb oder Orange
- Kerzenhalter
- Aufhängedraht
- Wellenschere

Vorlagen B1, B2

1 Den Kerzenhalter in der Mitte der Käseschachtel befestigen. Zwei 20 cm lange Kordeln jeweils an einem Ende verknoten. Mit der Scherenspitze zwei Löcher links und rechts vom Kerzenhalter in die Schachtel bohren und die Kordeln durchstecken. Die freien Kordelenden verknoten. Zwei Wellpappestreifen (3 cm x 50 cm) als Füße um die Kordeln wickeln und fixieren.

2 Einen Streifen (50 cm x 15,5 cm) aus Regenbogen-Transparentpapier, zwei Streifen (50 cm x 3,5 cm) aus Regenbogen-Wellpappe schneiden. Die Wellpappestreifen an einer Längsseite mit der Wellenschere nachschneiden und an die Ränder des Transparentpapiers kleben. Nach dem Trocknen um die Käseschachtel legen und mit Klebstoff fixieren.

3 Hals B1, Kopf B2, Augen und Schnabel nach den Vorlagen ausschneiden.

4 Den Hals oben falten und die Kreisscheiben des Kopfes von beiden Seiten dagegenkleben, dabei Schnabel und Feder einlegen. Die Augen fixieren und den Hals auf den Körper kleben.

5 Spitz zulaufende Streifen aus Regenbogen-Wellpappe am hinteren Rand als Schwanz ankleben. Zwei Federn seitlich befestigen.

6 Die Löcher für die Aufhängung etwa 4 cm vom Hals entfernt aus dem oberen Streifen stanzen. Draht anbringen.

Waldhutzel

Material

- Tonkarton in Grün und Braun
- Moonrock in Braun oder Beige
- Seidenpapier in Gelb, Orange und Grüntönen
- Moos
- Filzstifte in Rot und Schwarz

Vorlagen C1 - C3

1 Den Umriss des Männchens auf grünen, den Rahmen für das Gesicht C2 auf hellbraunen Tonkarton übertragen und ausschneiden. Die Mütze aus Moonrock arbeiten und aufkleben.

2 Das Gesicht mit Seidenpapier hinterkleben und mit Filzstiften bemalen. Moos als Haare und Bart ankleben.

3 Für den Körper Seidenpapier zuschneiden und mit gerissenen Seidenpapierstücken überlappend bekleben. Den Körperausschnitt damit hinterkleben.

4 Das Laternenmittelteil aus einem Tonkartonstreifen (36 cm x 12 cm) arbeiten (siehe Seite 5). Den Kerzenhalter anbringen und den Streifen zwischen die Motivseiten kleben.

5 Oben einen Steg zur Stabilisierung anbringen: Einen Tonkartonstreifen von 13 cm x 4 cm längs falten und zusammenkleben. Löcher für den Laternendraht stanzen. An beiden Enden einen Klebelasche von jeweils 1,5 cm umfalten und den Steg zwischen den Motivseiten fixieren.

TIPP

Anstelle des sonst üblichen glatten Laternenstabs passt zum Waldhutzel am besten ein dünner Ast.

Martinsgans

Material

- Tonkarton in Weiß
- Tonpapier in Orange, Schwarz
- Strohseide in Weiß
- Pünktchen-Wellpappe in Blau
- Wellpappe in Grün
- Filzstift in Rot

Vorlagen D1, D2

1 Körper D1 doppelt, Schwanz D2 einmal aus Tonkarton ausschneiden. Die Faltlinien falzen, dann falten. Die Klebelaschen nach innen knicken, die Flügel der Gans nach außen.

2 Aus grüner Wellpappe einen Kreis von 23,5 cm Durchmesser schneiden (ein großer Teller entspricht etwa dieser Größe).

3 Schnabel und Halstuch doppelt arbeiten. Mit rotem Filzstift eine Trennlinie auf den Schnabel zeichnen. Für die Augen mit der Lochzange zwei Punkte stanzen. Alle Teile aufkleben.

4 Körper und Schwanz mit Strohseide hinterkleben.

5 Die Gans am Kopf und am Bauch zusammenkleben. Den Schwanz einkleben. Die Gans auf den Kreis aus Wellpappe kleben. Ein Teelicht im Bereich des Schwanzes fixieren.

TIPP

Wenn die Gans auf blaues Moosgummi geklebt wird, kann sie schwimmen.

Im Geisterschloss

Material

- Tonkarton in Lila
- Wellpappe in Rot
- Käseschachtel, 15,5 cm ∅
- Regenbogen-Transparentpapier
- wasserfeste Filzstifte in Rot und Schwarz
- Kerzenhalter
- Aufhängedraht

Vorlagen E1, E2

1 Die Burgfassade E dreimal aus Tonkarton, die Dachform sechsmal aus Wellpappe schneiden. Die Geister mit dem Cutter oder einer spitzen Schere ausschneiden. Faltlinien falzen, dann falten.

2 Die Gespenster mit Regenbogen-Transparentpapier hinterkleben, Augen und Mund mit Filzstiften aufmalen.

3 Den Kerzenhalter in der Käseschachtel anbringen. Die Motivteile an den Türmen aneinander kleben und um die Käseschachtel kleben.

4 Die Dächer an den Türmen fixieren. An jedem Turm ein Stück Draht anbringen, oben zusammennehmen und den Laternenstab einhängen.

TIPP

Auf einem Turm eine Fahne aus Tonpapier mit dem Namen des Burgbesitzers anbringen.

Igel

Material

- Tonkarton in fünf Farben
- Regenbogen-Transparentpapier
- Transparentpapier in Gelb
- Rest von Tonpapier in Schwarz
- Kerzenhalter

Vorlagen F1, F2

1 Vorlage F1 auf Tonkarton in vier verschiedenen Farben übertragen und ausschneiden. Den Igel mit dem Cutter oder einer spitzen Schere ausschneiden. Die Faltlinien falzen, dann den oberen und unteren Kreisabschnitt nach innen, die seitlichen Abschnitte nach außen falten. Für die Bodenplatte den Kreis F2 in der fünften Farbe ausschneiden.

2 Den Igelausschnitt mit gelbem Transparentpapier hinterkleben. Das Gesicht aus Regenbogen-Transparentpapier arbeiten und fixieren. Viele kleine, unregelmäßige Dreiecke als Stacheln überlappend aufkleben, dabei das Gesicht und den unteren Teil des Igels aussparen. Für die Augen Punkte mit dem Locher stanzen und aufkleben.

3 Den Kerzenhalter auf der Bodenplatte anbringen. Alle Igelkreise an den seitlichen Kreisabschnitten aneinander kleben und auf der Bodenplatte fixieren.

TIPP

Mit einer Aufhängung aus Laternendraht oder farblich passenden Geschenkbändern wird aus der Tischlaterne eine Martinslaterne.

Vogelscheuche

Material

- Regenbogen-Karton
- Tonkarton in passender Farbe, Schwarz und Gelb
- Seiden- oder Transparentpapier
- Papierrest in Weiß
- Reste von Krepppapier
- Filzstifte in Schwarz und Rot
- Draht

Vorlagen G1 - G6

1 Alle Teile der Vogelscheuche G1 bis G3 und der beiden Raben G4 bis G6 nach den Vorlagen ausschneiden.

2 Die Ausschnitte des Kopfes mit Transparentpapier hinterkleben. Augen, Mund und Nase mit Filzstiften aufmalen oder aus Transparentpapier schneiden und aufkleben. Transparent- oder Seidenpapierstreifen reißen und überlappend auf die Ausschnitte von Hemd und Ärmeln kleben.

3 Den Kerzenhalter auf dem Mittelstreifen anbringen. Den Streifen zwischen die Motivteile kleben (siehe Seite 5). Zur Verstärkung zwei Streifen G3 zwischen den Ärmeln anbringen. Hier die Löcher für die Aufhängung stanzen und den Draht anbringen. Krepppapierstreifen an die Ärmel kleben.

4 Die Körperovale der Raben falten. Kreise G5 von beiden Seiten als Kopf an den Körper kleben, dabei den Schnabel einlegen. Schwanz einkleben. Mit dem Locher Punkte für die Augen stanzen und aufkleben. Raben auf der Laterne fixieren.

Sternenlaterne

Abbildung und Materialangabe Seite 20

1 Transparent- oder Seidenpapier in unregelmäßige Dreiecke schneiden. Die Dreiecke sollen so lang sein wie die lange Seite der Laterne. Kleine Sterne ausstanzen.

2 Die Dreiecke längsseits überlappend von Rand zu Rand über die Laternenfenster kleben. Sterne aufkleben.

3 Den Kerzenhalter anbringen. Die Laterne zusammenfügen und den Drahtbügel anbringen.

Sternen-laterne

Material

- Fertiglaterne mit Drahtbügel und Kerzenhalter
- Transparent- oder Seidenpapier
- Stanzer in Stern- oder Herzform

Anleitung Seite 18

Farbenspiel

Material

- Fertiglaterne mit Kerzenhalter und Drahtbügel
- Wollfäden
- angerührter Kleister
- Windradfolie, 0,4 mm
- Fenstermalfarben in Signalrot, Sonnengelb, Maigrün, Royalblau

Anleitung Seite 22

Kleine Hexe

Material

- Tonkarton in Grün, Rot und Lila und Schwarz
- Transparentpapier in Rot, Violett
- Krepppapier in Rot, Grün und Lila
- Stanzer mit Herzform
- Filzstift in Schwarz

Vorlagen H1 - H3

1 Alle Teile nach den Vorlagen ausschneiden. Die Öffnung im Hut und für das Gesicht mit dem Cutter arbeiten.

2 Haare und Hut aufkleben. Den Hut mit violettem, das Gesicht mit rotem Transparentpapier hinterkleben. Gestanzte Sternchen in Rot und Schwarz auf dem Hut fixieren. Mund und Augen aufmalen oder aufkleben.

3 Schmale, 25 cm lange Krepppapier-Streifen am unteren Rand des Gesichts von hinten aufkleben.

5 Das Mittelteil (38 cm x 12 cm) aus rotem Tonkarton schneiden, falzen und falten (siehe Seite 5) und zwischen die Motivseiten kleben. Löcher für den Aufhängedraht anbringen, den Draht einhängen und den Kerzenhalter einsetzen.

Farbenspiel

Abbildung und Materialangabe Seite 21

1 Die vier Folien auf die Arbeitsfläche legen. Wollfäden zurechtschneiden, in Kleister tauchen und auf die Folie fallen lassen. Durch die Windungen und Überschneidungen der Fäden entstehen Zufallsmuster. Trocknen lassen.

2 Die Zwischenräume mit Window Color bis an die Fäden heran ausmalen und trocknen lassen.

3 Die Folien mit der Wolle nach außen in die Laterne kleben. Kerzenhalter anbringen, die Laterne zusammenfügen und den Drahtbügel anbringen.

Sternenreigen

Material

- Windradfolie (0,4mm)
- Fenstermalfarben in Kirschrot, Maigrün, Sonnengelb, Royalblau, Konturenfarbe in Schwarz
- Tonkarton in Gelb
- Tonpapier in Rot
- Stanzer mit Sternmotiv oder Aufkleber in Sternform
- Kerzenhalter
- Aufhängedraht

Vorlagen I1, I2

1 Das Motiv I1 zweimal mit Fenstermalfarben malen (siehe Seite 6). Der Hintergrund um die Schweifsterne bleibt unbemalt. Die beiden Motive entlang der Kreislinie ausschneiden.

2 Den Stern I2 zweifach aus Tonkarton ausschneiden. Die bemalten Folienscheiben auf die Rückseite des Kartons kleben. Sechzehn gestanzte Sterne in die Kreise auf den Sternenspitzen kleben.

3 Den Mittelstreifen aus Tonkarton (47 cm x 13 cm) zwischen die Motivseiten kleben (siehe Seite 5).

4 Löcher für den Aufhängedraht stanzen und den Drahtbügel anbringen.

Rentier

Material

- Windradfolie, 0,4 mm
- Fenstermalfarben in Maigrün, Kirschrot, Rehbraun, Bernstein, Schneeweiß, Schwarz, Konturenfarbe in Schwarz
- Wellpappe in Grün
- Tonkarton in Grün
- Kerzenhalter
- Drahtbügel

Vorlagen J1 - J3

1 Das Rentier J1 und J2 mit Fenstermalfarben auf zwei Folien malen (Anleitung siehe Seite 6). Die Farbfelder ausfüllen, dabei die schraffierte Klebefläche für den Rand aussparen. Nach dem Trocknen die Form an der äußeren Linie ausschneiden.

2 Den Laternenrand J3 zweifach aus grüner Wellpappe schneiden und auf die bemalten Folien kleben.

3 Einen Mittelstreifen aus Tonkarton schneiden (56 cm x 12 cm). Löcher für den Aufhängedraht stanzen und den Mittelstreifen einkleben (siehe Seite 5).

4 Kerzenhalter und Aufhängedraht anbringen.

Prinzessin

Abbildung und Materialangabe Seite 28

1 Augen, Nase, Mund und Krone von Vorlage K1 mit Fenstermalfarben auf zwei Folien malen (Anleitung siehe Seite 6). Die Krone ausmalen und das Glitzerpulver auf die nasse Farbe streuen. Das Gesicht mit rosafarbenem Transparentpapier hinterkleben, für die Wangen Kreise aufkleben.

2 Die Gesichtsform K2 aus Wellpappe und die Haare aus Tonkarton arbeiten. Vor dem Aufkleben der Haare kleine Schleifen anbinden. Herzen stanzen und aufkleben. Bemalte Folien auf die Rückseite der Wellpappeformen kleben.

3 Einen Mittelstreifen schneiden (39 cm x 12 cm). Löcher für die Aufhängung stanzen, und den Mittelstreifen einfügen (siehe Seite 5). Kerzenhalter und Aufhängedraht anbringen.

Prinzessin & Prinz

Material

Prinzessin

- Wellpappe in Blau
- Tonkarton in Gelb
- Transparentpapier in Rosa
- Satinband in Blau
- Stanzer mit Herzmotiv
- Windradfolie, 0,4 mm
- Fenstermalfarben in Royalblau, Kirschrot, Schneeweiß, Konturenfarbe in Schwarz
- Glitzerpulver

Prinz

- Wellpappe in Weiß
- Tonkarton in Rot, Schwarz
- Transparentpapier in Gelb
- wasserfeste Filzstifte in Rot, Schwarz, Blau
- Glitzerstift in Silber
- Glitzerstreu

Vorlagen
K1 – K4

Anleitungen Seite 26 und 30

Regenbogen-Bär

Material

- Tonkarton in Gelb
- Regenbogen-Karton
- Wellpappe in Blau
- Regenbogen-Transparentpapier
- Filzstifte in Rot und Schwarz
- Kerzenhalter
- Aufhängedraht

Vorlage L

1 Alle Teile nach den Vorlagen ausschneiden. Die Faltlinien falzen, dann falten. Ohren, Tatzen, Schnauze und Halstuch aufkleben. Die Füllungen der Füße auf die Rückseite der Bärenform aufkleben. Augen und Mund mit Filzstift aufmalen.

2 Aus Regenbogen-Transparentpapier einen Streifen von 12,5 cm x 42 cm und aus Wellpappe zwei schmale Streifen von 2,5 cm x 42 cm schneiden. Die Wellpappe am oberen und unteren Rand des Transparentpapiers fixieren, dann röhrenförmig zusammenfügen.

3 Die Laterne am Bauch des Bären festkleben, Füße hochklappen, Arme nach vorne biegen und fixieren. Kerzenhalter und Aufhängedraht befestigen.

Prinz

Abbildung und Materialangabe Seite 28/29

1 Die Grundform K3 und die Haare aus Tonkarton, den Kragen aus Wellpappe ausschneiden. Die Ausschnitte von Gesicht und Krone mit dem Cutter arbeiten. Die Haare aufkleben. Vor dem Aufkleben des Kragens mit schwarzem Filzstift kleine Striche als Muster auf die Wellpappe malen.

2 Die Ausschnitte mit Transparentpapier hinterkleben und mit Filzstiften das Gesicht aufmalen. Das eingeklebte Transparentpapier im Bereich der Krone mit Klebstoff bestreichen und sofort Glitzerstreu auftragen. Nach dem Trocknen die Krone verzieren, z. B. mit einem Silberstift Punkte aufmalen.

3 Wie bei der Prinzessin (siehe Seite 26) ausarbeiten.

Impressum

© 2000
Christophorus Verlag GmbH
Freiburg im Breisgau
Alle Rechte vorbehalten –
Printed in Germany
ISBN 3-419-56227-6

Jede gewerbliche Nutzung der Arbeiten und Entwürfe ist nur mit Genehmigung der Urheberin und des Verlages gestattet. Bei Anwendung im Unterricht und in Kursen ist auf diesen Band der Brunnen-Reihe hinzuweisen.

Lektorat:
Elke Fox, Freiburg

Styling und Fotos:
Christoph Schmotz, Freiburg

Covergestaltung und Layoutentwurf:
Network!, München

Coverrealisierung:
smp, Freiburg

Lithos:
Fuchs Repro GmbH, Laufen

Druck:
Freiburger Graphische Betriebe

Wir sind für Sie da, wenn Sie Fragen zu AutorInnen, Anleitungen oder Materialien haben. Und wir interessieren uns für Ihre eigenen Ideen und Anregungen. Faxen, schreiben Sie oder rufen Sie uns an. Wir hören gerne von Ihnen!
Ihr Christophorus-Verlag

Christophorus-Verlag GmbH
Hermann-Herder-Str. 4
79104 Freiburg
Tel.: 0761/ 27 17-0
Fax: 0761/ 27 17-3 52
oder e-mail:
info@christophorus-verlag.de

Profi-Tipp der Autorin

Nicht nur für St. Martin

Alle Laternen eignen sich auch als leuchtende Dekorationen für Feste und Feiern. Die beiden Laternen „Hexe“ und „Gespensterburg“ insbesondere für eine Halloween-Party!

Weitere Titel aus der Brunnen-Reihe

3-419-56153-9

3-419-56152-0

3-419-56151-2